청어詩人選 497

패랭이꽃

김상우
시조집

패랭이꽃

김상우 시조집

自序

시조의 길로 출타(出他)한 지 4년여 만에
첫 시조집을 낸다.

마치 철 지난 옷을 입고
남의 집 문전을 배회하고 있는
느낌이다.

사람들 사이에 시집을 내는 일,
언제나
부끄럽고 쓸쓸하다.

2025년 초가을
김상우

차례

5   自序

1부 표적

12   표적
13   수족관 속 갯장어
14   곧추세우다
15   아버지
16   소쩍새
17   지팡이
18   결석
19   감꽃
20   깡통
21   누수
22   젓갈 골목
23   빨래
24   마흔 살 즈음
25   구겨진 종이
26   마침표를 읽다
27   곡선에 대한 상념
28   유필(遺筆)
29   야심

30 희망적 부패
31 매미 소리
32 어떤 고독
33 첫사랑
34 치약
35 11월
36 곁눈질

2부 섭리

38 섭리
39 봄비 1
40 봄비 2
41 시치미
42 노루귀
43 수선화
44 벚꽃
45 목련
46 민들레
47 조팝나무꽃 1
48 조팝나무꽃 2
49 각시붓꽃
50 여운(餘韻)
51 꽃의 허무
52 목숨

53　허공의 나무
54　가로수
55　밤의 정령(精靈)
56　잠자리
57　구절초
58　억새 1
59　억새 2
60　가을비 1
61　귤
62　북풍

3부　감돌다

64　감돌다
65　무심(無心)
66　무제(無題)
67　달빛
68　별빛 고독
69　수정동 산복도로
70　토란잎
71　백자(白瓷)
72　구름
73　다이어트
74　저녁놀
75　그리움에 지치거든

76 길 하나
77 무심풍경(無心風景)
78 마곡사에서
79 하루살이
80 물거품
81 연기
82 달
83 흔들리다
84 오늘
85 연꽃
86 자비(慈悲)의 아이러니
87 겨울밤
88 설야(雪夜)

4부 안부

90 안부
91 딸아이를 안고
92 엄마
93 징검돌
94 슬픔의 힘
95 동백꽃
96 섬
97 그리움
98 파도

99 우레
100 막그림
101 밤 비행기
102 도마뱀처럼
103 앵무새의 혀
104 어판장, 2막
105 별이 빛나는 밤에
106 나무의 정신
107 하느님께 여쭙니다
108 빨갛다
109 하얀 날
110 가을비 2
111 어둠에 기대어
112 겨울 보름달
113 겨울비
114 패랭이꽃

해설_송귀영(한국시조협회 자문위원·문학상 심사위원)
116 유려한 사색의 경계를 넘나든 시학적 서정성

1부

표적

표적

평생을 걸어 놓고
겨냥한 표적처럼

활시위 힘껏 당겨
네 심장을 겨눴지만

끝끝내
쏘지 못하고
내 가슴만 쏘았다.

수족관 속 갯장어

수족관 속 갯장어는 슬퍼서 몸이 길다

얼마나 물길 틈을 우비고 다녔을까

생(生)이란 몸길이 몇 뼘
늘리우는 거라서.

곧추세우다

다 죽은 나무라고 팽개쳐 두었는데

겨울을 버티고도 새순이 돋아 있다

가파른 암벽등반을 마치고 온 노인처럼.

아버지

강추위를 가르는
회초리 바람으로

왁살스런 파편이
박히는 아픔으로

녹슨 나 내려치시던
꾸지람이 그립다.

소쩍새

밤 되면 어미새는 울음으로 길을 놓아

놓은 길 끊어질라 쑥독쑥독 목이 메고

새끼들 그 길 따라서 집으로 돌아간다.

지팡이

무심한 인파 속을 골똘히 걷는 노인

온몸을 구부리고 항진(航進)하는 저 모습은

오롯이 당신을 향해 기울이는 주전자.

결석

흙 속에 얼음 속에
쿨럭이는 바람 속에

살아 있던 모든 것들
꼼지락거리는데

약숫물 뜨러 나서던
할머니는 안 보이네.

감꽃

아무 일도 없는 하루
노곤한 장독 위에

투욱,
투욱,
하릴없이
감꽃이 지고 있네

이승과 저승 오가며
장맛이 익는 사이.

깡통

속내가 비어 있어
스스로 행복하다

그 안에 숱한 소리
담을 수 있으므로

더 낮게 구르다 보면
다 보이는 그 자리.

누수

몸의 틈새 비집고서
하나둘 빠져나가

닦고 조여 기름 쳐도
허무는 나사의 골

이 밤도 내 몸에서는
새는 소리 들린다.

젓갈 골목

갈치젓 어리굴젓 명란젓 오징어젓

비린내 진동하는 그 옆에 주저앉아

한 종지 상한 내 맘도 덤으로 내고 싶다.

빨래

걸레 마냥 찌든 삶을 말간 물에 헹구어서

불어오는 바람 앞에 펄럭여 놓았더니

산 번지
빈 마당 가득
눈부신 내 남루여.

마흔 살 즈음

정장을 하였어도
걸음 더욱 분주하고

흘려야 할 땀방울도
한 되 가웃 늘어나고

책임을 못 질 말씀엔
사뭇 인색해지는.

구겨진 종이

평면이 탄탄했던
육체는 금이 가고

그를 움킨 손아귀의
분노와 실의만이

울음을 거세당한 채
음영으로 남았다.

마침표를 읽다

문장을 완성하고 마침표를 찍는 한밤

네모나 세모 아닌 동그란 씨알이다

싹 틔울 큰 꿈을 위해
다시 쓰는 시작점.

곡선에 대한 상념

곡선으로 사는 것은 도태되는 검은 도시

주민은 하나 없고 행인만 있는 거리

그립다
숨차지 않게
찾아오는 그 사람.

유필(遺筆)

남겨진 글씨들이 고아처럼 쓸쓸하다

무슨 일로 스스로를 우주로 흩었는가

못 박힌 중지 마디로

이름 또박 적어놓고.

야심

불개미 한 마리가 내 발가락 깨물더니

온 힘을 쏟아부어 나를 잡아당긴다

큰 장마 납시기 전에
굴로 끌고 가려고.

희망적 부패

후미진 밭고랑에 몰래 눈 똥 덩어리

까맣게 마른 속을 비 뿌리고 지나가자

보시시 여린 참외 싹 실눈 뜨고 돋는다.

매미 소리

얼마나 볶아야
매미 소리 다 익는가

불볕에 따글따글
여름 내내 볶아대다

몸채로
다 타버렸다
소리마저 숯덩이다.

어떤 고독

나를 한번 열어봐
큰소리 뻥 치더니

죽은 듯 닫혔다가
손잡이로 여는 순간

와르르 쏟아질 듯한
아슬아슬 저 여자.

첫사랑

골목길 포장 공사 빙 둘러 줄을 치고

접근 금지 팻말 하나 세워서 놓았는데

누군가 선을 넘어와 한 발 찍고 떠났다.

치약

부풀었던 새 치약을 짜내고 또 짜내니

어느새 납작해져 바짓단처럼 말려 있다

체취도 그의 이름도 구겨져서 희미하다.

11월

다소곳이 말이 없던
새침이 그 여자가

부끄럼도 안 타고
속치마만 입은 채로

마지막 남은 옷마저
벗을까요, 말까요?

곁눈질

굴려야 행세하는
삐딱한 세상에서

눈동자 슬금슬금
곁눈질만 하고 있다

올바로 바라보다간
바보 소리 들을까 봐.

2부

섭리

섭리

봄눈이 절로 녹아 물꼬 툭툭 터지더니

막힌 곳 하나 없이 봇물 콸콸 흘러가고

산언덕 불타오른다
진달래꽃
화르르!

봄비 1

개나리 민들레도 손뼉 치며 비 맞는 밤

겨드랑이 간지러워 몸살을 앓고 나면

꽃망울 밀어올리는 대궁 속이 푸르다.

봄비 2

봄비의 미친 혀가
초록 몸에 불 지른다

젖을수록 깊게 타는
수액의 푸른 불길

팽팽한 그녀 등짝에
허연 김이 솟는다.

시치미

해맑게 반짝이는
거짓말 좀 보게나

지리산 능선마다
새똥, 곰똥, 달팽이 오줌

깨끗이 다 씻어내린
계곡물이 거울이다.

노루귀

휴대폰 슬쩍 열면 쫑긋쫑긋 야생화

노루귀 한 송이가 파랗게 피어난다

오리목 낙엽 헤치고 까르르르 웃는다.

수선화

토담집 담장 밑에 수선화 피려 한다

홀로 살던 집 주인은 요양병원 업혀 가고

뉘세요?
처음 본다며
목을 갸웃거린다.

벚꽃

겨울 뒤에 숨었다가
보란 듯 터뜨린다

펑 펑펑 사지마다
솔기 툭툭 터져난다

신열에 몸서리치는
저 화염의 중심부.

목련

목덜미 멍울 송이
만지면 아프겠다

적막이 팽창함을
뉘라서 믿었을까

미풍에 자지러질 듯
꽃의 비명 터질라.

민들레

넓은 땅 제쳐 두고
궁핍하게 태어나서

긴 청춘 뭇 걱정에
호호백발 되었다

이제는 승천할 차례
헛된 시름 버리고.

조팝나무꽃 1

여린 가지 여기저기
피어난 조팝꽃이

내가 삼킨 밥알들을
한알 두알 붙여놓고

얼마나 많은 밥그릇
비웠느냐 묻는다.

조팝나무꽃 2

조팝나무꽃 속에서 아이들 소리 난다

자치기 사방치기 떠들썩 웃음소리

그것도 볼따구니에 밥풀 하나 찍어 바른.

각시붓꽃

불면의 밤 뼛속으로
뜨신 달이 들어오고

붓술에 체액 섞어
허공에 그린 그림

유난히 암내도 짙은
남의 각시
환장할!

여운(餘韻)

이른 새벽 소택지에 떠오른 가시연꽃

둥둥둥 떠다니는 연잎새를 디딤돌로

통 통 통 발굽을 차며 사뿐 내려앉는다.

꽃의 허무

아름답게 피어나도
결국엔 지고 마는

멸망을 알면서도
또 피어서 야단이다

끝없이 충만해 있는
위태로운 놀라움.

목숨

냇가의 개밥풀꽃 하얗게 피어나서

한 철만 살아내다 꽃바람에 핑그르르

뉘우침 한 잎도 없이
모가지를 꺾었다.

허공의 나무

새 몇 마리 풀어놓고
몸을 쏘아 올리면

출렁이던 둥근 몸이
허공 딛고 일어서고

허공은 빗장을 열어
바람을 풀어준다.

가로수
―플라타너스

뭉툭한 저 몸통이 완강하고 선량하다

고함을 지를 듯이 하늘 향해 뻗친 팔뚝

속 깊이 푸른 수액이 흐를 것만 같은 사내.

밤의 정령(精靈)

우리가 잠든 사이
동글 이슬 맺어놓고

말갛게 씻긴 별들
집으로 배웅한 후

비로소 동해로 나가
해를 건져 올린다.

잠자리

천사의 옷을 입고 하늘에서 노닐더니

손대자 먼지처럼 바스러져 내린다

어느새 사라진 여름
떠나버린 푸르름.

구절초

누군가 밤새도록
울다 간 뜰 한구석

과수댁 잠 못 들어
뒤척이다 부은 눈에

구절초
하얀 향기가
이슬처럼 맺혔다.

억새 1

이제는 잠들라네
속으로 피멍 진 몸

희누런 먼 발걸음
넘어지고 쓰러지다

간신히 또 일어나서
그대에게 가는 길.

억새 2

그리움 깊은 정을
바람결에 걸었더니

서걱대는 상처 너머
샛강이 흘러가고

새하얀 고무신 한 짝
까딱까딱 떠가네.

가을비 1

툭
툭
툭
가을비가
들국화에 꽂히더니

파르르 떨면서
명맥을 유지하다

나직이
절명(絕命)을 한다
툭,
툭,
툭,
지는 소리.

귤

눈 내린 거름더미
귤껍질 소복하다

섬에서 뭍을 향해
우르르 던진 공들

입마다 터지는 탄성
오오, 스트라이크!

북풍

눈 쌓인 가지마다 시퍼렇게 곤두세운

단도의 날을 꽂고 서 있는 저 녹나무

도망친 제 계집 찾아 이승으로 스민 사내.

3부

감돌다

감돌다

몇 송이 되지 않는 백목련이 떨어진다

한가지 색(色) 기억을 되짚어 돌아가는

생명이 하는 일이란
눈을 뜨고
감는 일.

무심(無心)

그윽한 파초잎에
바람이 불어오고

덩달아 물방울이
환하게 튕겨나는

이 한때
그린 듯 앉아
없는 듯이 살고저.

무제(無題)

모두들 어디 갔나
홀로 남은 한나절

도시엔 이리 많은
새들이 살아가고

비로소 눈에 뜨이네
쓸쓸해라
한 생애.

달빛

밤하늘 달만 보면
가슴이 멍해져서

끝없는 야행의 길
더듬고 싶어진다

그것은
모체의 태반
멀리서도 나를 끄는.

별빛 고독

빛살을 그으며 내려온 별빛들이

저 숱한 벌레집 안을 낱낱이 밝혔어도

내 마음 외진 자리엔 그 빛 닿지 못하네.

수정동 산복도로

산비탈 벼랑길을 깎아 세운 백팔 계단

내가 오를 계단 끝엔 가난한 불빛 한 점

관절을 꺾는 힘으로 찾아가는 집이여.

토란잎

잎 한 칸에 올라앉은 이슬 한 채 덧없다고?

가멸차게 덜어내고 맑은 우주 하나 남긴

응축된 힘을 바라봐
저 깊은 연원(淵源)을 봐.

백자(白瓷)

온전히 버리는 때
다시 태어나느니

불 속으로 들겠네
모든 걸 던지겠네

흙에서 흙으로 가는
이 길까지 기꺼이.

구름

하늘의 흰 구름을
하염없이 보노라면

제 모습 보였다가
무게가 쌓일 즈음

스르르 제 몸을 풀어
그 무게를 버린다.

다이어트

소파와 낡은 침대 내보낸 빈자리가

허전함을 밀어내어 오히려 넉넉하고

소유를 감량한 곳에 숨길마저 트인다.

저녁놀

산빛을 깨치고서
하늘은 불타는데

연초록 가지 끝에
실바람 춤을 추고

노을에
붙들린 영혼
도솔천(兜率天)을 거니네.

그리움에 지치거든

그리움에 지치거든
사랑하는 사람아

등꽃 푸른 그늘 아래
차 한 잔 들어보자

다기(茶器)에 고인 하늘은
구름 한 점 없구나.

길 하나

길 하나 어둠 속에 사라지는
외딴 암자

반딧불 빛 새어나는 창호지
틈 사이로

파아란 비구니 음성
밤새 글 읽는 소리.

무심풍경(無心風景)

딸그락 딸그락
그릇 씻어 엎다 보니

무덤과 밥그릇이
오롯이 닮아있다

창문에 얼비쳐 드는
저 그믐달 접시 하나.

마곡사에서

태화산(泰華山) 추녀 밑에
청솔 바람
엉긴 법열(法悅)

기왓골 타고 흐르는
스님의 독경 소리

어둠 속 호롱불처럼
그윽이도 낡았다.

하루살이

촛대 앞에 스러진
한 무리 소신공양

내 몸에 병 없기를
백팔 번 조아리며

저들이 울며 바친 건
하루뿐인 생(生)이다.

물거품

밀리면 끝장나는
싸움판 이 세상에

온갖 것 다 이기는
쇠 발톱을 가졌어도

오로지 죽음 앞에는
그도 한낱 물거품.

연기

손을 뻗어 움켜잡은
그것들은 한낱 연기

아무리 꼭 쥐어도
끝내는 사라지네

그러니 빈손을 털며
허 허 웃을 수밖에.

달

술에 취한 그 눈에는
무엇으로 보였을까

물속에 잠긴 달을
손 뻗어 건지려다

풍더덩
물에 빠져서
꽃잎이 된 이태백.

흔들리다

책 속에 보이더냐
여행에 길 있더냐

헤매고 찾아봐도
얻는 것은 부스러기

내 속에 숨어 있는 게
보석인가 돌인가.

오늘

풋풋하고 향기로운
풀냄새 풍겨나는

자운영 붉은 꽃밭
어느덧 다 지나고

가풀막 낙엽 밟으며
숨이 차는 그대여.

연꽃

아득한 빛 어리시어
드맑은 님의 눈썹

올곧게 정좌하여
구천세계(九天世界) 지탱하고

닫힌 듯
정갈히 열린
침묵의 말씀 들린다.

자비(慈悲)의 아이러니

석가는 늙어서도 탁발로 연명하고

전도하다 병을 얻어 길에서 숨졌건만

보아라
그의 제자들
저 엄청난 권세와 부.

겨울밤

바람에 풍경 울고
부엉새도 울더니

나더러 그다음은
홀로 울어 보라는가

전생의 내 울음소리
들리는 듯한 겨울밤.

설야(雪夜)

누가 왔나 이 밤중에
하얀 등불 켜 들고서

화드득 방문 열고
마당으로 내려서니

세상이 이렇게 밝아
몸 숨길 곳 없어라.

4부

안부

안부

밤새 내린 모종비에
연초록 잎 곱게 씻겨

돋을볕 번져나니
속까지 투명하다

해맑은 그대 소식도
함초롬히 빛난다.

딸아이를 안고

돌배기 딸아이를 살포시 안아보면

온 우주의 무게인 듯 엄숙하고 슬퍼진다

사람의 애비가 되어 누구든 안 그러리.

엄마

자식이 밥 먹는데
배부른 사람 있다

밥 한 톨 안 먹어도
밥 한 그릇 다 먹은 듯

배불러 기뻐할 사람
우리 엄마뿐이다.

징검돌

강 속에 몸을 심어 스스로 길이 되어

센 물살 견디면서 묵묵히 기다린다

지금도 그대 향하여 가고 있는 마음 하나.

슬픔의 힘

기쁨은 염소같이 옆길로 빠지지만

슬픔은 한 생애를 황소처럼 끌고 간다

눈물을 삭이며 걷는
길을 잃지 않는 슬픔.

동백꽃

눈부신 한순간에
스스로 목을 꺾어

허공에 획을 긋는
단호한 소멸 보며

난해한
생의 음표를
점자처럼 더듬네.

섬

통통배 떠나가고
간간이 바람 불어

개동백 붉은 꽃잎
물 그리매* 지고 있네

내 슬픔 버리러 왔다
가슴 속에 묻는 날.

*그리매: 그림자의 옛말

그리움

갯물이 밀려드는
모래톱 언덕에다

해오리 한 마리가
만상(萬象) 자국 찍어놓고

며칠째 먹빛 바다를
바라보고 서 있다.

파도

발걸음 뗄 때마다 파도는 출렁이네

민소매 셔츠 속에 뭉실대는 저 물결들

쏴 하고 몸 덮쳐 오자
나는
혼절(昏絕)하였네.

우레

나를 사랑하던
그녀는 끝내 미쳐

깊은 산 푸른 골에
우레로 묻혔다가

때로는 번갯불 피워
못 푼 제 한(恨)을
들으라네.

막그림

간밤에 덫에 걸려
피투성이로 끌려 나와

고래고래 발광하다
죽은 듯이 나자빠져

그대로 숨 끊어버린
멧돼지를 닮은 산.

밤 비행기

내 몸속 어딘가엔 저런 슬픔 있을 테지

뜨지도 그렇다고 앉지도 못하면서

저문 강 검푸른 물결 속절없이 감기는.

도마뱀처럼

골목길 좁다랗게 옥죄며 빠지는데

누가 방금 내 어깨를 스치며 지나갔다

툭, 하고 끊어낸 느낌
달아나야 낫는 상처.

앵무새의 혀

앵무새 부리 속의 혓바닥을 보았느냐

길들여져 따라 하는 목소리 떨쳐내고

꼭 한 번 제 말 하고픈
붉은 혀를 보았느냐.

어판장, 2막

어선에서 막 쏟아낸 고기가 파닥인다

질펀한 난장 무대 강물고* 치는 육탁

한 생을 뒤집는 결기 바닥에서 솟는다.

*강물고: 굳게 앙다물고

별이 빛나는 밤에

심야의 라디오는
연인의 입술처럼

달달하게 속삭인다
참말 거짓말…… 참말 거짓말……

소프트아이스크림
하얗게 다 녹는데.

나무의 정신

내 서재 저 책들은 나무였던 기억으로

제각기 이름 품고 책꽂이에 서 있다

무성한 숲바람 소리
새소리가 들린다.

하느님께 여쭙니다

석 달 열흘 내리던 비 그치자
맑은 햇살

쏟아져 와 고이는 푸른 하늘
길어 올려

알몸의 우리 두 사람
익사해도 되나요?

빨갛다

바락바락 소리치던
노망난 할머니 집

담장 가에 샐비어꽃 할머니를 쏙 빼닮아

볕밭에
또 바락바락
시끄럽다, 빨갛게.

하얀 날

꽃그늘 밀어내는
구절초 바람 소리

꽃잎이 흰 물결로
바람에 일렁이다

한가을 업고 가더니
허리 펴고 눕는다.

가을비 2

싸늘한 가을비에 잠은 멀리 달아나고

빗물 소리 귓속으로 범람해 들어와서

쓸쓸한 마음 깊숙이 소(沼) 하나를 만든다.

어둠에 기대어

다 저문 가을 공원
벤치에 나앉으면

떨어진 잎새 자리
스르르 별 돋는다

그 아래 나의 육신도
져서 별로 뜨는가.

겨울 보름달

잘 닦인 하늘길에 두둥실 솟아올라

찬 겨울 건너가던 휘영청 밝은 달이

넌지시 말을 건넨다
휘청대지 말라고.

겨울비

비님이 따각 따각
지붕을 치는 소리

창밖엔 봄이신가
슬쩍이 내다보니

앙상한 나뭇가지가
나를 보며 웃는다.

패랭이꽃

단시조 한 수 속에 다 담기는 내 인생은

단순하고 평범한 길가의 패랭이꽃

꽃인가 여겨주소서
그만하면 좋은 인생.

해설

유려한 사색의 경계를 넘나든
시학적 서정성

―김상우 시인의 시조집 『패랭이꽃』을 중심으로

―송귀영
(한국시조협회 자문위원, 문학상 심사위원)

해설

유려한 사색의 경계를 넘나든 시학적 서정성
―김상우 시인의 시조집 『패랭이꽃』을 중심으로

송귀영
(한국시조협회 자문위원·문학상 심사위원)

1. 서언

　김상우 시인은 경남 고성 출생으로 현재 부산에 거주하고 있으며, 한국방송통신대 국문학과와 한남대 대학원 문예창작학과를 졸업하고 2006년 《문예운동》에 시(詩)가 추천된 후 시집 『흔들리는 초상』, 『오래된 사진』, 『작은 것들에 대하여』, 『만종』, 3인 시집 『바람의 행로』를 발간한 바 있다. 이후 꾸준한 작품활동으로 2021년에 《시조문학》과 《부산시조》에서 신인상을 받으며 시조(時調)에 입문하였다. 평자는 김상우 시인과 서면으로 두 번째 만남이다. 2021년의 첫 번째 만남에서 그의 작품 「낙동강」, 「코스모스」, 「치통」 등을 통하여 시인의 심미적 안목과 신선한 미학의 기법을 발견하였는데, 담백한 자신만의 개성 있는 호소력과 사상의 정서에 주관적인 상상력을 발휘하고 있었다. 이에 평자는 에둘러 압축한 언어의 구사력에 성공

할 수 있는 시인으로 일찌감치 예감한 바 있다. 김상우 시인의 시조 세계는 생각을 글로 표현하는 자유로운 언어 묘사가 흡사 유유히 흐르는 강물처럼 잔잔한 서정을 느끼기에 충분하다. 2025년이 그 두 번째 만남인데, 시조의 길로 출타(出他)하여 남의 집 문전을 배회하다가 4년여 만에 4부로 짜인 100편의 주옥같은 첫 시조집『패랭이꽃』을 낸다는 것이 얼마나 가슴 설레는 일이겠는가. 평자는 그의 자서(自序) 소식에 참으로 고마움과 기쁨이 듬뿍 담긴 축하의 마음을 전하지 않을 수 없다.

2. 덤으로 서정의 선물을 더해준 행복의 에스프리(Esprit)

시조에서 일상의 정신적 심상(Mental imagery)은 언어 전달 관계에 맞추어 완숙한 심상(Figurative image)과 진취적 이미지(Symbolic image)로 분류하고 있다. 시조는 시적 사고와 산문적 사고를 통해 존재를 드러내고 있다는 점에서는 다를 바 없으나 그 방법에 차이가 있음을 발견하게 된다. 시인은 시적 사고를 통해 허구적이고 비지시적인 언어로 언어 이전의 대상과 교감할 수도 있다. 시학에 있어 순수한 공상(供想)의 이미지는 심상의 중심에 이미지 군을 발산한다. 현물의 묘사나 일상사가 비유로 대칭되는 한 편의 시가 문학작품에 장착된 감각과 모든 대상의 물질을 은유하였거나 비유하는 보조 관념으로 포괄한다. 그래서 시의 관념은 극대화되어 나타나고 극대화한 관념은 정서의 융합을 함양시킨다. 인간의 탄생은 신비롭고 빛나는 순간이다. 시조를 읽는 행위의 내면에는 고충이 있지만 그로 하여금 행복을 느낀다. 서사의 영원성은 문학적 표현에서의 시도를 문법적으로 따질 필요성은 없을 것이다. 정성을 다하여 시작(詩作)에 담는다면 그 정성이 힘을 얻어 큰 날개를 펼 것이다. 시조에서도 앎에 목마름이 절실해야 비로소 시조다운 시를 쓸 수가 있다.

  세상 어디에나 어둠이 있다는 생각과 어둠 속에서도 자신과 서로를 위로하면서 밝은 빛을 발산하려는 소망으로 시를 쓴다. 김상우 시인은 나름으로 펴내는 첫 시조집에 촘촘히 박혀있는 녹슨 쇠창살의 어둠과 같은 미로의 이야기를 담아내고 있다. 그리고 인생에서 살아내는 희로애락을 은유적으로 드러내어 위로의 공감을 유도한다. 김상우 시인의 시조집이 결코 과장이 아닐 정도로 갈무리가 잘된 것은 수많은 습작과 긴 시간의 소요로 손쉽게 숙성되었기 때문이다. 이번에 상재한 시조집『패랭이꽃』은 4부로 구성한 단시조 100편에 서사의 목소리로 표출된 시어들의 정감이 넘친 주옥이다. 이러한 시편 속에서의 고백은 첫 시조집을 펴내는 감회가 묻어나는 대목을 인지하게 된다. 하지만 서정과 서사를 넘나들면서『패랭이꽃』은 예술적으로 다듬어져 있다. 나아가 완숙의 경지에 이르러서는 초탈과 탈속한 내적 분위기까지 살려내어 예술 작품으로서의 높은 평가를 받을 가능성이 크다는 점이다. 유희한 언어를 적절히 배치하여 시인만의 시어(詩語)적인 시어로 형상화하고 있다. 시조의 미학은 감정 이입의 심미 활동으로 스스로가 어떤 대상이 되지 않고는 그 미학을 창조하기란 불가능하다. 김상우 시인은 이런 점에서 남다르게 따뜻한 가슴을 지니고 있다. 그러므로 적소에 혈이 통하는 어조로 주제와 진실에 접근하는 시적 구도와 언어의 효율적인 대맥을 짚을 줄 아는 시인이다. 등단한 지 4년의 세월이 지나 이제야 첫 시집에 명패를 달았으니 그 감회가 깊을 것이다. 많은 고뇌 끝에서 찾아낸 언어들의 생명을 불어넣는 창작에 임하고 있는 자세가 이미 상당 부분 습득되어 문장을 끌어가는 특성을 잘 살리고 있다는 찬사도 받을 만하다. 김상우 시인의 첫 번째 시조집『패랭이꽃』에 상재될 100편의 시편을 숙독하고, 이제 섬세하고 예리한 솜씨로 펼쳐진 시인의 사유 공간인 시조 정원을 거닐며 평설로 탐색하려 한다.

강추위를 가르는
회초리 바람으로

왁살스런 파편이
박히는 아픔으로

녹슨 나 내려치시던
꾸지람이 그립다.

―「아버지」 전문

위에 인용한 작품을 만나보니 가슴이 저며 오는 마음은 무슨 연유인가. 아무리 애통하게 매달려도 지난날 무디고 녹이 슨 화자에게 올바른 인간이 되도록 꾸지람을 내려치시던 아버지가 그립다. "강추위를 가르는/ 회초리 바람으로"라는 비유법은 엄하면서도 자애로운 아버지의 자식 사랑이 아니고서는 그 어떤 것도 비할 바가 없다. 이제 세월이 흘러 늙으신 아버지의 뒷모습을 바라보는 시인의 감정은 어떤 미사여구를 다 끌어다 놓아도 표현하기가 어렵다. 시인의 애달픔이 이 시편 속에 고스란히 녹아 있음이다.

속내가 비어 있어
스스로 행복하다

그 안에 숱한 소리
담을 수 있으므로

더 낮게 구르다 보면
다 보이는 그 자리.

—「깡통」 전문

위에 인용한 작품은 생활 주변에서 흔히 볼 수 있는 깡통을 소재로 하였다. 시인은 속내가 비어 있어도 그 속에 모든 것을 쓸어 담을 수 있어서 행복하단다. 깡통이란 금속을 이용해 만든 원기둥 모양의 통으로서 내용물을 오래 밀폐 보관할 때 사용한다. '깡통' 하면 가장 일반적으로 떠오르는 이미지는 음료수 용기다. 이 경우 집에서 오래 보존하는 것을 목표로 삼아 철로써 튼튼하게 만드는 통조림과는 달리, 휴대성을 강조하여 알루미늄으로 만드는 경우가 대부분이다. 위 뚜껑의 일부분만 도려내도록 고안된 따개 부분과 상대적으로 충격에 약한 알루미늄이 탄산의 압력을 견뎌내도록 쏙 들어간 바닥이 포인트다. 예전에는 양철로도 만들었으며, 몇몇 통조림은 아직도 주석을 쓰기도 한다.

평면이 탄탄했던
육체는 금이 가고

그를 움킨 손아귀의
분노와 실의만이

울음을 거세당한 채
음영으로 남았다.

―「구겨진 종이」 전문

이 시에서 김상우 시인은 사회에 팽배해 있는 이기주의에서 벗어나 남에게 봉사하며 사랑하려는 마음을 은유하고 있다. 활짝 펴져 있던 종이가 구겨져서 난감할 때가 있다. 다행히 되돌릴 방법이 있다. 증류수에 살짝 적셔 무거운 책 사이에 끼워두거나 수건을 덮고 다림질하면 제법 쓸 만하게 펴진다. 그러나 이 과정에서 찢어지거나 색깔이 변할 위험이 있으므로 주의해야 한다. 움켜쥔 손아귀에 의해 구겨져 있는 종이에 쓰인 글들이 휴지통에 버려지는 그 모습에서 "울음을 거세당한 채/ 음영으로 남았다."로 이 시편을 마무리한 것은 화자에 대한 인생관을 표출한 것이다.

  얼마나 볶아야
  매미 소리 다 익는가

  불볕에 따글 따글
  여름 내내 볶아대다

  몸채로
  다 타버렸다
  소리마저 숯덩이다.

  ―「매미 소리」 전문

매미 소리는 시골이나 도시를 가리지 않고 여름철 우리 주변에서 흔히 보고 들을 수 있는 현상이다. 인간들의 인공 등불에 밤을 낮으로 속아 울어대는 매미와 그 소리에 시끄러워 잠을 설치는 도시 사람들이 대상이다. 질서를 어지럽히는 피해는 고스란히 인간에게 돌아간다. 이런 평범한 대상의 이면에 배치된 긴요한 질서를 "매미 소리"로 대칭시킴은 인간의 잔인성과 무관하지 않음을 지적한다. 매미 소리는 과거와 시공의 현재에 미래를 추적한다. 밤낮의 판별력을 잃은 매미 소리가 울다 지쳐 숯덩이가 되는 그 순간까지 사유하는 시인의 서정성을 주시하고 싶다. 시인이 제시하는 이분법의 위태로운 반복 속에서 조화를 이루기까지 미물들이 주변 환경에 따라 불가능한 밤의 매미를 울린다. 그 소리에 불면한 도시 사람을 보며 이러한 시인의 주장에 귀를 기울여야 할 것이다.

굴려야 행세하는
삐딱한 세상에서

눈동자 슬금슬금
곁눈질만 하고 있다

올바로 바라보다간
바보 소리 들을까 봐.

―「곁눈질」 전문

눈동자를 굴리는 행위는 눈치를 살피는 일이다. 긍정적인 삶의 자세로 살아가려면 가치관의 혼란 속에서 사회와 조화로운 관계 유지를 위해서 눈동자를 굴리며 눈치를 살펴야 한다. 일상의 살점을 발라낸 곁눈질의 모티브(Motif)적 착상이 이채롭다. 곧이곧대로 또는 법대로 살다가는 바보 소리를 들을까 봐 일깨워준다. 이러한 일깨움은 자기 삶에 충실하고, 항상 정신을 도사리어 새롭게 거듭나는 계기로 삼는다. 이 시편을 통하여 우리에게 좌우명으로 삼게 하는 삶이야말로 진리와 일관된 철학을 가지는 시인의 삶이라 하겠다. 이 작품은 시대적 아픔과 갈등을 치유하고 서로가 반목하는 모습까지 부각한 점이 특징이다.

3. 아늑한 시조 정원에 가락 꽃을 가꾸는 미학

삶과 문학에는 천재가 없으며, 인간은 땀방울을 흘리며 사유하는 텃밭에서 씨앗이 돋는 명작의 싹을 틔운다. 조숙한 신동이 걸작을 남긴 사례를 찾기가 어렵다. 형이상학의 역작을 남긴 사람들은 노년에 가서야 천천히 숙성된다. 우리가 알고 있듯이 피카소를 현대미술의 거장으로 만든 것은 반짝이는 소년 시절의 재주가 아니라 한평생 지속된 불굴의 노력과 아흔이 넘어서도 끊임없는 변신으로 창작과 습작을 거듭한 결과의 예기(藝技)였다. 우리들은 거장의 창작물에 감탄하면서 그러한 성취를 가능케 한

노력과 끈질긴 시간의 축적을 경지(鏡智)하게 한다. 작가들의 소박한 평작조차도 수많은 습작과 졸작의 더미 속에서 힘겨운 작가의 고통과 한숨이 아름다운 꽃을 피우게 한다. 거듭된 졸작의 실패를 끈질긴 창작의 노력으로 돌파하는 것이 문학이라는 예술이다. 모든 명작은 어려운 시행착오를 거친 땀방울을 묻히면서 시간이라는 대상을 잘게 썰어서 먹음직한 한상차림으로 눈앞에 놓을 수가 있다. 삶과 문학은 하늘이 내리거나 저절로 가져다주는 천재를 허락하지 않는다. 김상우 시인의 다음 작품을 만나보기로 한다.

해맑게 반짝이는
거짓말 좀 보게나

지리산 능선마다
새똥, 곰 똥, 달팽이 오줌

깨끗이 다 씻어내린
계곡물이 거울이다.

―「시치미」 전문

시치미는 네모꼴의 뿔로 얇게 깎아 여기에다 매의 이름,

종류, 나이, 빛깔, 주인 이름 등을 기록하여 매의 꽁지 위 털에 매달았다. 누군가는 매를 훔쳐 가기도 해서 매의 관리 차원에서 주인을 표시하는 일종의 이름표를 꽁지깃에 달았는데 이것을 곧 '시치미'라고 한다. 시치미만 보면 길을 들인 매의 소유주도 확인할 수가 있는 표식이다. '시치미를 뗀다'는 말은 자기가 하고도 하지 않은 체하거나, 알고도 모르는 체하는 태도를 나타내는 말로도 사용되며, 어떤 일을 하고도 모르는 체하거나 알고도 모르는 체하는 것을 의미한다. 화자는 "지리산 능선마다 새똥, 곰 똥, 달팽이 오줌"을 깨끗하게 씻어내린 비 온 뒤의 계곡물이 햇빛에 해맑게 반짝이는 모습을 보며 시치미를 뚝 뗀다고 진술하고 있다. 이 얼마나 상큼하고 발랄한 발상인가.

겨울 뒤에 숨었다가
보란 듯 터뜨린다

펑 펑펑 사지마다
솔기 툭툭 터져난다

신열에 몸서리치는
저 화염의 중심부.

―「벚꽃」 전문

겨울이 막 지나고 이른 봄이 오면 꽃 중에서 가장 먼저 떠오르는 벚꽃과 함께 숨겨진 의미 또한 깊은 감응을 준다. 시인은 벚꽃이 피는 광경을 보고 체온이 정상보다 솟구치는 감탄을 느낀다. 가지마다 맺힌 꽃을 보고 솔기가 톡 터진다고 했다. 솔기란 심이라고도 하며, 천 속의 중앙을 뜻한다. 심(seam)은 2개 이상의 천을 스티치로 연결한 것으로 다트와 같이 1개의 천을 겹쳐 박아둔 것을 의미한다. "신열에 몸서리치는"에서 시인은 한꺼번에 활짝 핀 벚꽃을 보는 심정이 화염의 중심부라 했다. 화염은 짧고 높은 화염 온도를 얻을 가스와 공기(산소)를 버너에서 혼합시킨 후 연소실에 분사하는 방식으로 화염이 자력으로 전파해 나가는 내부 혼합방식을 이른다.

  여린 가지 여기저기
  피어난 조팝꽃이

  내가 삼킨 밥알들을
  한 알 두 알 붙여놓고

  얼마나 많은 밥그릇
  비웠느냐 묻는다.

  ―「조팝나무꽃 1」 전문

조팝나무꽃은 3~4월경, 가느다란 가지에 하얀 꽃이 물결치듯 흐르며 피는 모습이 특징이다. 바람에 살랑대는 꽃잎이 참 단아한 느낌을 주며 잎은 가늘고 뾰족하다. 전체적으로 가볍고 섬세한 분위기를 가진다. 시인이 삼킨 밥알들을 가지에 붙여놓고 "얼마나 많은 밥그릇을 비웠느냐"라고 자문한다. 조팝나무의 꽃말은 '추억'과 '고요한 사랑'으로 조금 늦은 봄인 4~5월경에도 꽃을 피운다. 잎은 타원형으로 좀 더 넓적하고, 꽃은 가지 끝에 모여 송이처럼 피는 단일 꽃이다. 꽃이 더 크고 또렷해서 울타리 장식용으로 많이 쓰인다. 시인의 시적 사유와 감수성은 우리 주변을 둘러싸고 있는 자연에 바탕을 두고 반응한다.

누군가 밤새도록
울다 간 뜰 한구석

과수댁 잠 못 들어
뒤척이다 부은 눈에

구절초
하얀 향기가
이슬처럼 맺혔다.

―「구절초」 전문

위에서 인용한 시편에서 시인은 이름 모를 사람과 과수댁이 뜰 한구석에서 밤새껏 울다가 부은 눈에 구절초 향기가 이슬로 맺혔다고 시화하고 있다. 국화과의 여러해살이풀인 구절초(九節草)는 뿌리와 줄기가 옆으로 길게 뻗으며 번식한다. 어긋나기를 하는 잎은 매우 작고 끝이 갈라져 있다. 구절초를 구일초(九日草) 또는 선모초(仙母草)라고도 지칭하는데, 예부터 부인병을 다스리는 약제로 쓰였다. 구절초라는 이름은 음력 9월 9일에 꺾는 것이 가장 약효가 좋다고 하여 붙였다는 설이 있다. 애당초 줄기가 다섯 마디였던 것이 음력 5월 5일인 단오에 즈음하여 아홉 마디가 된다고 하여 붙였다는 설도 있다.

아름답게 피어나도
결국엔 지고 마는

멸망을 알면서도
또 피어서 야단이다

끝없이 충만해 있는
위태로운 놀라움.

―「꽃의 허무」 전문

꽃이 필 때는 호화롭고 찬란하며 아름답더니 꽃이 질 때는 참으로 초라하고 처연하여 허무하다. 우리 인생도 꽃과 같아서 언젠가는 피었다가 지고 만다. 계절의 순환은 어김없이 돌고 돌아 봄철로 접어들면 기다리지 않아도 꽃들은 따스한 바람결에 환한 미소를 머금고 피었다가 어느 사이엔가 시나브로 기척도 없이 스러진다. 위에 인용한 「꽃의 허무」에서 순결하고 아름다운 우리들의 정서를 담아 충만한 놀라움이 늘 공존한다. 시인은 자연과 인간의 삶에 순간마다 펼쳐지는 멋에서 운치, 그리고 처연함과 허무감을 본능적으로 포착한다.

4. 영혼이 충돌하는 심오한 조탁의 창작성

시조는 언어와 이미지 및 운율이 조합되어 인간의 체험과 상상력의 정서가 표현된 예술이다. 정서가 독자를 시적 양식으로 끌어들이고 지성과 감성의 등가물이 만나 미묘한 감성을 일으키는 것이 서정이다. 시조의 뼈대가 되는 것은 시적 대상의 언어 속에 들어있는 사유가 곧 서정으로 나타나며, 이는 삭막한 현실을 살아가는 서민들에 본원적 생명력의 표출이다. 서정시에서 기존의 전통 시가 가지고 있는 서정성과 객관적 상관물을 적절하게 이용하여 삭막한 현실을 살아가는 개인의 심리를 미적으로 형상화한다. 삶의 지혜로부터 발현된 상상력은 조탁(彫琢)된 언어로 형상화한 산물의 완숙한 경지의 조망이다. 이러한 상상력이 잘 결합된 융합의 시조는 융합의 흔적이 없고 자연스러움을 느끼게 하는 시조이다. 이러한 측면에서 김상우 시인의 시편을 다시 조명해 본다.

  몇 송이 되지 않는 백목련이 떨어진다

  한 가지 색(色) 기억을 되짚어 돌아가는

  생명이 하는 일이란
  눈을 뜨고
  감는 일.

  ─「감돌다」 전문

  시인은 어느 봄날 백목련이 활짝 피었다가 낙화하는 모습을 바라본다. 꽃이 피고 지며 떨어져 내린 꽃의 색깔이 시들고 변질되어 가는 때를 목격하고, 세상은 자연의 순리대로 공평하다고 믿고 싶어 하는 상보적 신념을 유발해 변주한다. 모든 생명의 일은 눈을 뜨고 감는 것이라 했다. 백목련을 통하여 인간 삶의 본질적 내재에 담긴 사록(寫錄)들이 촉수로 감기면서 생각이 눈앞이나 마음속에서 사라지지 않고 자꾸 아른거린다. 꽃이 피고 지는 것은 찰나이고 허망이며 무상인 동시에 환유의 부활이다.

빛살을 그으며 내려온 별빛들이

저 숱한 벌레집 안을 낱낱이 밝혔어도

내 마음 외진 자리엔 그 빛 닿지 못하네.

―「별빛 고독」 전문

  위의 시편에서 빛살을 얻은 시인의 마음은 지금 숨이 막히도록 벅차다. 공허한 말을 함부로 내뱉지 않고 말의 쓰임새와 침묵의 필요를 조화롭게 운용하면서 지상으로 내려온 별빛이 작은 벌레집까지 구석구석 밝힌다. 시인 바깥의 존재까지 같은 공간에 살아가는 삶을 낮은 자세로 참례한다. 내 마음을 방목하면서 낭만적 감정으로 타자를 만나는 시인과 맞물려 이해와 나눔의 윤리로 입증하려는 자세를 취한다. 시인의 마음속 외진 자리에 귀를 기울이며 타자와 소통의 계기를 살펴 언표한다. 이해할 지점에서 질문도 답도 없이 무심하게 놓여있는 별빛은 왜 자신의 가슴에 닿지 않는가. 이 "별빛 고독"은 소통의 방식이 아니라 활동이 가장된 완전한 교감과 원천적 불가능성에도 불구하고 삶에서 타자와 서로 나누어야 할 덕목을 지향한다.

온전히 버리는 때
다시 태어나느니

불 속으로 들겠네
모든 걸 던지겠네

흙에서 흙으로 가는
이 길까지 기꺼이.

―「백자(白瓷)」 전문

이 작품을 읽으면 옥쟁반에 구슬을 구르는 소리가 들릴 것 같다. 시조에 있어 감성의 눈을 뜨되 대상의 흙에 관조하고 시상의 직관력이 내면을 통찰하여 의미를 발견함으로써 가치를 부여한다. 화자가 처음 백자를 보고 불 속에서 달구어 다시 태어난 백자를 도구로 하여 삶을 바라보는 관념을 구체화하고 있다. 백자를 숨기어 행간에 뜸을 들이는 것은 기발한 상상 변주에 은유의 수사법이며, 독자들의 몫으로 상상력을 일으키도록 하였다. 신선한 시어의 감상을 유도해 내는 효과를 노린 한 편이다.

산빛을 깨치고서
하늘은 불타는데

연초록 가지 끝에
실바람 춤을 추고

노을에
붙들린 영혼
도솔천(兜率天)을 거니네.

―「저녁놀」 전문

 저녁나절 시인은 어느 깊은 산골 암자에서 불타는 노을을 바라보니 붙들린 영혼이 도솔천을 거니는 것 같다. 도솔천은 미륵보살이 머무는 내원과 천인들이 즐거움을 누리는 외원으로 구성된, 천상의 정토를 가리키는 이상 세계이다. '지족천'이라고도 하는데, 이 도솔천에는 내원궁이 있어 석가모니가 인도에 태어나기 직전까지 머무르면서 중생 교화를 위해 하행할 때를 기다리던 곳으로, 지금은 미래불인 미륵보살이 성불할 때를 기다리고 있는 곳으로 이해된다. 우리나라에서는 도솔천에 상생하기를 바라고, 미륵불이 도솔천에서 내려와 용화 회상에서 설법하는 자리에 참여하게 되기를 바라는 미륵 신앙이 크게 유행하였다. 도솔암 또는 지족암, 내원암이라는 명칭의 암자가 전국 곳곳 사찰 주변에 많이 존재하는 것은 이러한 불교 문화의 영향이다.

태화산(泰華山) 추녀 밑에
청솔 바람
엉긴 법열(法悅)

기왓골 타고 흐르는
스님의 독경 소리

어둠 속 호롱불처럼
그윽이도 낡았다.

―「마곡사에서」 전문

  마곡사(麻谷寺)는 충남 공주시 사곡면 운암리 태화산 동쪽 산허리에 있는 절이다. 대한불교조계종 제6교구 본사이기도 하다. 2018년 "산사, 한국의 산지승원"이라는 이름으로 유네스코 세계 문화유산에 등재된 사찰이다. 시인은 마곡사에서 스님의 독경 소리에 장경(長徑)의 설법을 듣는다. 태화산 산그늘에 엉킨 법열이 호롱불처럼 낡아 염불 소리도 그윽하다. 이 작품의 경우 과장법을 원용한 수사로 "엉킨 법열(法悅)"이라고 한 것은 한껏 부푼 감정을 표현한 대목이다. 이러한 점은 체험의 구체성이나 언어의 진정성보다 감정에 진실이 실려서 의미 전달의 효과를 높이는 작용을 하게 된다.

5. 불 피워 태우는 시혼의 열정적 투혼

 우리들은 내일을 알 수 없는 난세의 시대에 살면서 암울한 고통의 둔덕을 넘을 때가 있다. 미래가 궁금하고 난제들이 산재해 있음에도 소망을 확신하면서 희망이 다가오는 일을 꿈꾸며 어려운 삶을 견뎌낸다. 그래서 시인들은 진실을 이미지화하여 행복의 기복을 적절하게 관리하며, 진솔한 축으로 시각화한다. 이러한 시각화는 그 해명이 독백의 형태로 태어나거나 권유의 형상이던 해석의 문답을 하게 한다. 이 모두가 그리움이라는 깨달음을 갖게 하며 행복은 의미 있는 해명의 저변에 정서적인 어루만짐을 동반한다. 진실 규명은 일상으로 멈출 수 없는 생명력에 진정한 즐거움을 수반한다. 희망과 사랑이 정직할수록 살기에 가쁘고 원죄의 후예로 운명적 대상에 종속된 어두운 고백의 끝을 유추한다. 다시 김상우 시인의 시조 정원을 거닐어 본다.

기쁨은 염소같이 옆길로 빠지지만

슬픔은 한 생애를 황소처럼 끌고 간다

눈물을 삭이며 걷는
길을 잃지 않는 슬픔.

―「슬픔의 힘」 전문

위의 시편 「슬픔의 힘」에서 약삭빠른 염소와 우둔한 황소의 소박하면서도 정갈한 사유의 상차림을 맛본다. 생애를 순종하며 무거운 짐을 끌고 가는 황소와 기치를 발휘하는 염소의 생애를 대비시킨 구현 체제로 언어의 매트릭스(기조)를 현현하고 있다. 염소의 행동은 깃털처럼 가볍고 황소의 행동은 천만 근의 무쇠 덩이다. 삶의 고통도 힘의 감각으로 슬픔의 힘을 의식해서 순응하려 한다. 시인은 우리 주변에서 일어나는 모든 사안을 직감으로 끄집어내어 실존과 형이상학적 관점을 중시하고 있다.

갯물이 밀려드는
모래톱 언덕에다

해오리 한 마리가
만상(萬象) 자국 찍어놓고

며칠째 먹빛 바다를
바라보고 서 있다.

—「그리움」 전문

아련한 그리움은 허전함을 견인하여 고독을 끌어들인다. 담백하게 세상을 바라볼 수 있다면, 섬세하고 예민한 눈길을 조금만 더 천천히 거둘 수 있다면 이 세상은 이완의 즐거움으로 가득 채워진 보물 상자일 것이다. 시인은 어느 날 먹빛 바다를 바라보고 서 있다. 해변 모랫바닥에 해오리 발자국이 만상을 찍어놓은 것을 발견하며 상념에 젖는다. 시인은 너무나 먼 인생길을 너무 빠른 속도로 달려왔기에 해오리가 남기고 간 발자국처럼 더러는 그리움을 남긴다. 누적된 찌꺼기가 한꺼번에 불거지고 번뇌를 씻어낸 오늘을 품으며 권태기를 덜기 위해 의식 없이 도사리는 잡념에 몇 겹씩 울타리를 치고 싶을 것이다.

꽃그늘 밀어내는
구절초 바람 소리

꽃잎이 흰 물결로
바람에 일렁이다

한가을 업고 가더니
허리 펴고 눕는다.

―「하얀 날」 전문

구절초를 스친 바람이 한낮의 꽃그늘을 밀어내고 있다. 또 바람결에 몸을 펴고 땅바닥에 눕는다. 이러한 형상을 시인은 "하얀 날"로 인식한다. 이것은 매우 운치 있는 서정적 감응이며, 함축적 심장의 시각화다.
　위에 인용한 시편 「하얀 날」에서 우리의 관심을 유인하는 것은 구절초 꽃잎이 흰 물결처럼 일렁이는 아름다운 풍경이지만, 사실 시인이 보여주고자 하는 것은 거기에 투영된 자기 심상의 형상화다. 가을이라는 계절과 연관된 사상(事象)들과 자연을 대상으로 하는 심서(心緖)를 웅숭깊은 정감으로 심어놓았다. 소소한 바람 소리도 사색과 관찰을 통한 시조의 자아 존재성이 감회와 인생 도정에 드리운 시인의 감성적 심상을 여실히 드러내는 대목이다.

　다 저문 가을 공원
　벤치에 나앉으면

　떨어진 잎새 자리
　스르르 별 돋는다

　그 아래 나의 육신도
　져서 별로 뜨는가.

　─「어둠에 기대어」 전문

시인은 지금 해가 진 뒤 어스레한 저녁의 가을 공원 벤치에 앉아있다. 시나브로 떨어졌던 낙엽을 바라보며 자신의 인생살이도 이와 같다는 생각에 이른다. 어둠에 기대는 의식에는 자유가 넘쳐 방종으로 치닫고 지나온 삶을 헤아리는 감정의 심연(深淵)에서 솟아오르는 정감이 감동의 사실을 행간에 심어놓는다. 시각과 정서를 통해 지극히 인간적인 태도로 세상을 바라본다. 아무리 충실한 삶을 운영했더라도 쌓이는 세월에 필연적으로 수반되는 허무 의식과 무상감을 털어버리기가 쉽지 않아서 "나의 육신도 져서 별로 뜨는가?"라고 자신에게 자문하고 있다.

단시조 한 수 속에 다 담기는 내 인생은

단순하고 평범한 길가의 패랭이꽃

꽃인가 여겨주소서
그만하면 좋은 인생.

—「패랭이꽃」 전문

시인은 꽃 모양에 따라 종류가 다양한 패랭이꽃과 같은 여러 가지 모양을 단시조에 담고 싶어 한다. 시조 한 수 속에 못 담을 것이 없음을 암시한 작품이다. 패랭이꽃으로 말하자면 석죽과의 여러해살이풀로 인식된다. 일반적으로 패랭이는 패랭이꽃 속의 식물을 가리키며 산과 들에서 1m 정도까지 자란다. 바위 사이에 핀 대나무를 닮은 꽃이라 해서 석죽화라고 불리며 거구맥, 대란, 산구맥, 죽절초 등 다양한 명칭을 가지고 있다. 이 외에 수명이 긴 수염 패랭이꽃을 비롯하여 왕상록패랭이, 사철패랭이, 사계패랭이, 잔디패랭이 등 종류도 다양하다 보니 사람들이 꽃 모양에 따라 부르는 명칭이 조금씩 차이가 있는 식물이다. 시인이 이번 시조집의 표제작을 「패랭이꽃」으로 정한 것은 여러 종류의 명칭에 중요시한 뜻을 내포하고 있다. 패랭이꽃의 종류와 명칭처럼 다양한 색깔과 많은 시조의 레토릭(Rhetoric)을 운용한 시집임을 강조하려는 의지이다.

6. 맺는말

뭐니 뭐니 해도 시조는 단시조가 백미이다. 시조의 언어는 운율의 언어로 어떤 사물이나 체험을 정확하게 전달하는 수단이나 도구 역할에 얽매이지 않고 생생한 상징이나 비유를 사용하기도 한다. 더욱 다양한 의미와 다채로운 감각, 그리고 시인이 표현하고자 하는 진실성의 전달을 중시한다. 이 시집『패랭이꽃』에서 특히 수식어가 형성하고 있는 시조 세계의 특성은 곧 김상우 시인이 전달하고자 하는 진실성과 깊은 연관이 있음에 의심의 여지가 없다. 독자들의 시선을 자극하여 문학적 카타르시스(Catharsis)와 영적 치유의 경험을 준다. 그리고 목마름은 이성적이고 논리적인 사고방식을 거부한다. 인간과 사물의 존재를 이루는 경외감이 단지 과거를 재구성하는 것뿐만이 아니라 현재와 조화롭게 결합함으로써 새로운 시조 세계를 탄생시켰다. 시간은 만질 수 없고 들을 수도 없으며 보이지도 않는다. 그러나 현실적 상상력과 시화의 조화로 이러한 시간을 만질 수 있고 들을 수 있다. 그래서 보기도 가능한 이미지로 한 생명체를 탄생시킬 수 있는 것이다. 시조의 보물 창고가 은유적 기법이라 할 때 직설은 창고에 보물을 담을 수 있는 도구가 된다. 평자는 필연의 근간을 중시한 김상우 시인의 작품에서 인간관계의 저변을 흐르는 역리 현상에 파생된 번민과 괴로움의 실체를 보았다. 현실이 강고하게도 기대와는 다르게 그 어떤 방법으로도 해결할 수 없는 상황에 부닥친다면 누구에게나 답답할 수밖에 없다. 인간의 가장 순수하고 근본적인 욕망과 자유 의지에 상관없이 불가피한 현실에 처한 삶의 모습을 유추할 수 있게 하는 대목이다. 시조의 세계에는 시간과 공간으로서의 지평이 있기 마련이며 유기체인 몸은 결국 자아 성찰의 결합으로 자행된다. 다양한 사물의 상황을 시조의 표면으로 붙들어 그것으로 하여금 발화 주제로 삼고 있다. 필연적으로 이루고 있는 당위적 네트워크는 자연과 사물이 이루고 있는 비대칭적 힘에 대하여 사유할 수 있는 계기를 마련하였다.

김상우 시인의 시조 세계 내면에는 기쁨과 사랑의 긍정적인 바탕 위에 그 묘사 방법으로 은유적 표현 기법에서 간혹 낯설기 비유 기법을 병행하고 있다. 이러한 기법은 원숙의 경지에 닿으려는 시인들에게 많이 보이는 형태이다. 향후 참신하고 신선한 건필(健筆)을 빌어두며, 첫 시조집 『패랭이꽃』의 상재를 계기로 신진을 벗어나 중견 시인으로서 발돋움하는 발전이 있기를 기대하고, 시조를 사랑하는 많은 독자들에게 이 시조집의 일독을 간곡히 권하고 싶다.

패랭이꽃

김상우 지음

발행처	도서출판 청어
발행인	이영철
영업	이동호
홍보	천성래
기획	육재섭
편집	이설빈
디자인	이수빈 | 구유림
인쇄	정우인쇄

등록 1999년 5월 3일
     (제321-3210000251001999000063호)

1판 1쇄 발행 2025년 8월 20일

주소   서울특별시 서초구 남부순환로 364길 8-15 동일빌딩 2층
대표전화   02-586-0477
팩시밀리   0303-0942-0478
홈페이지   www.chungeobook.com
E-mail   ppi20@hanmail.net

ISBN   979-11-6855-367-5(03810)

본 시집의 구성 및 맞춤법, 띄어쓰기는 작가의 의도에 따랐습니다.
이 책의 저작권은 저자와 도서출판 청어에 있습니다.
무단 전재 및 복제를 금합니다.